DU GOUVERNEMENT REPRÉSENTATIF

EN FRANCE.

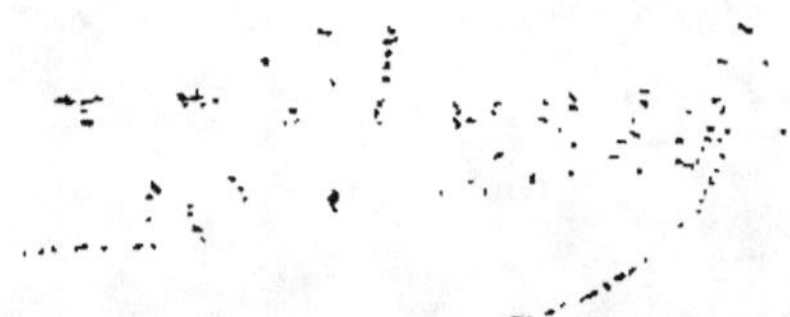

IMPRIMERIE DE MADAME PORTHMANN
Rue du Hasard-Richelieu, 8.

DU
GOUVERNEMENT REPRÉSENTATIF

En France,

ET DES MOYENS DE L'Y POPULARISER,

Par un Électeur de 89.

In vanum laboraverunt qui
ædificant eam.

A PARIS,

CHEZ Mme PORTHMANN, IMPRIMEUR,
Rue du Hazard-Richelieu, 8.

1839

DU GOUVERNEMENT REPRÉSENTATIF

EN FRANCE,

ET DES

MOYENS DE L'Y POPULARISER.

———

Il y a cinquante ans que des hommes supérieurs ont introduit le système de ce gouvernement en France, pour le mettre à la place de la monarchie pure. Ils y ont travaillé pendant trois ans : après eux, le système, longtemps abandonné, a été repris comme pouvant seul être la sauvegarde des libertés publiques. Il a subi à de longs intervalles deux refontes différentes , la dernière, coulée du creuset de la souveraineté du peuple.

Et en 1839, il n'enfante encore que des orages.

D'où provient ce mal français?

Il est grand temps de s'en rendre compte et de mettre à fin cette œuvre de Pénélope.

Le mal provient de ce que l'assemblée constituante de 1789 et 1791, dans sa création de la monarchie constitutionnelle, n'a rien fondé pour faire vivre le monarque, et qu'elle a laissé à la démocratie toute faculté de le déborder.

De ce qu'en 1814, au contraire, l'esprit d'aristocratie impopulaire a dominé.

De ce qu'en 1830, enfin, l'équilibre établi par la dernière Charte entre les deux pouvoirs législatif et exécutif n'a pas reçu, pour se maintenir, la force d'action nécessaire.

Il est besoin de quelques développements pour se convaincre que la plaie de l'Etat est dans l'absence du contre-poids conservateur, et que le chef-d'œuvre est de le trouver.

L'idée du gouvernement représentatif, appliquée à un Etat monarchique, n'est pas une idée innée; elle est trop complexe pour n'avoir pas été progessive et lente : l'antiquité ne l'avait pas conçue; ce sont les temps modernes qui l'ont peu-à-peu perçue et laborieusement enfantée, sur un seul point du globe, l'Angleterre.

Elle est due aux invasions successives de cette contrée par les hordes nombreuses du Nord, qui s'en sont partagé le sol dans des parts fort inégales; leurs chefs s'étant réservé celle du lion. Tous ces grands propriétaires, investis de la puissance féodale, mais sans cesse molestés par leur monarque, s'étaient coalisés entre eux pour s'opposer à ses entreprises de suzeraineté. Ils lui avaient fait la guerre, aidés de leurs vassaux ; faisant cause commune avec ceux-ci, ils les avaient admis à des droits de franchise.

Ainsi réunis au peuple, ils avaient conquis, dès 1215, tant pour lui que pour eux-mêmes, sur *Jean-sans-Terre*, la grande Charte des libertés anglaises. Pour la défendre contre les attaques réitérées du trône, ils s'étaient constitués en assemblées délibérantes sous la dénomination de *parlement*. Le peuple, soit la démocratie, était devenu partie intégrante de ce corps délibérant sous le nom de *chambre basse* ou *des communes*. Les grands propriétaires, ou l'aristocratie, avaient composé la *chambre haute,* autrement dite *chambre des lords* ou pairs du royaume.

Malgré cette formidable coalition, les rois, pendant plusieurs siècles et jusqu'à la révolution de 1688, avaient combattu pour faire prévaloir leur autorité despotique sur celle du parlement.

Il avait fallu un changement de dynastie pour mettre fin à ces perpétuelles commotions. Il avait fallu qu'un roi *élu*, recevant sa couronne d'une concession parlementaire et par conséquent nationale, jurât le maintien des libertés publiques conquises avant lui, sans lui et depuis tant de siècles.

Legrand levier de cette constitution anglaise est d'une part dans l'intégrité conservée de ces vieux patrimoines féodaux qui, de tous temps, ont dominé; d'une autre part, dans la sage politique qu'ont eue de bonne heure leurs puissants possesseurs de se mettre à la tête de toutes les entreprises utiles au pays, des travaux publics, et même des industries particulières.

Toute la force de la chambre haute est là. Sa puissance aristocratique et presque oligarchique est un contre-poids tout naturel, placé entre le roi et la chambre des communes ou le peuple.

Toutefois la prépondérance de cette chambre haute ne va pas jusqu'à effacer la majesté du trône, ni à rendre l'autorité du roi secondaire, encore moins précaire ou insignifiante.

Le roi d'Angleterre est le chef suprême de l'Etat, qu'il gouverne d'après les lois écrites; il est la source des honneurs, le distributeur des titres et

des dignités. Il crée des pairs à sa volonté. Chef suprême de la justice, qui
émane de lui et qui est rendue en son
nom par des magistrats de son choix,
il a le droit de faire grâce.

Il est le surintendant du commerce;
lui seul a le droit de battre monnaie,
de donner cours à la monnaie étran-
gère.

Il est aussi le chef suprême de l'é-
glise : il nomme aux évêchés et aux ar-
chevêchés ; il convoque les assemblées
du clergé.

Il est le maître de proroger le parlement et même de le dissoudre.

Il est généralissime des troupes de terre et des forces navales ; il a le droit de déclarer la guerre et de faire la paix.

Il est le seul représentant de la nation anglaise auprès des puissances étrangères ; il nomme près d'elles ses ambassadeurs ; il reçoit ceux qu'elles lui envoient ; seul il contracte les alliances, il conclut les traités.

Sa personne est sacrée et inviolable.

Il jouit d'une liste civile dont l'importance suffit toujours à la dignité de son trône.

On le demande maintenant : est-ce cet État constitutionnel de l'Angleterre que l'assemblée constituante, au 14 septembre 1791, a introduit en France ? Est-ce ce *gouvernement représentatif* (dont Montesquieu fait un si pompeux éloge en son- *Esprit des Lois*, livre XI, chapitre 6) qu'elle a mis à la place de la monarchie absolue ?

Nullement.

L'assemblée constituante a bien posé pour base de son édifice le principe que *toute souveraineté réside essentiellement dans la nation* : elle a bien adopté aussi comme fondamental cet autre principe de la séparation absolue des deux pouvoirs législatif et exécutif ;

Mais elle n'a pas admis la division de la puissance législative dans les deux fractions de chambre haute ou des pairs et de chambre des communes.

Elle a cru tout faire à-la-fois pour la sûreté du trône et pour le salut des libertés publiques en confiant le « *dé-* « *pôt* de son œuvre à la fidélité du « corps législatif, du roi et des juges, « à la vigilance des pères de famille, aux « épouses et aux mères, à l'affection

« des jeunes citoyens, au courage de
« tous les Français. »

Dans cette organisation du gouvernement représentatif par la France de
1789 et de 1791, toutes les conditions
d'existence et de stabilité manquaient
visiblement.

La suite l'a bien prouvé.

A la décharge de l'assemblée constituante, il est juste de reconnaître
qu'en septembre 1791, au moment
de la clôture et de la sanction de sa
Charte, elle n'avait plus à sa disposi-
tion aucun de ces éléments du gouver-

nement représentatif monarchique ad-
miré par Montesquieu et si heureuse-
ment obtenu par l'Angleterre.

En France, la déclaration de la
souveraineté nationale ne datait pas
de l'année 1215.

La séparation des deux pouvóirs
législatif et exécutif ne remontait pas
elle-même à plusieurs siècles. La division de la puissance législative en
deux fractions de chambre haute ou
des lords-pairs, représentant l'aristocratie, et de chambre basse ou des
communes était impraticable. La sup-
pression de tous les priviléges de la no-

blesse, l'émigration de celle-ci, l'ex-propriation du clergé, les agitations convulsives de l'intérieur, l'égalité des droits mal comprise, tout cela repoussait bien loin l'idée d'aucune aristocratie ou supériorité, soit légale, soit de fait, qui pût au besoin devenir médiatrice entre les deux pouvoirs constitués.

On n'eut donc pas le gouvernement représentatif proprement dit, tel qu'il est compatible avec la monarchie constitutionnelle. Celle-ci resta sans appui légal, sans aucune garantie réelle, au milieu des tendances les plus hostiles de la démocratie.

Aussi quels épouvantables désordres ont succédé à l'œuvre incomplète des premiers constituants! Quels abîmes pour la civilisation que ceux creusés par les éruptions républicaines.

La convention nationale, pour n'y pas périr elle-même, se raccrocha en partie aux deux principes de la séparation des pouvoirs et de la division de celui législatif en deux chambres : le conseil des anciens et le conseil des cinq cents. Elle créa le directoire exécutif.

Où était la force de répression pour le cas où l'une des deux autorités instituées anticiperait sur les droits de l'autre? Où était le gouvernement représentatif, même pour le salut de la république?

Nulle part.

Ne parlons pas de l'empire, quoiqu'il ait eu ses gloires et ses prospérités. Il n'y eut sous lui de domination que celle de la seule volonté du chef. Ce fut l'antipode du gouvernement représentatif.

En 1814, à la forte détente des chaînes impériales, à ce réveil subit de la liberté trop longtemps comprimée, l'idée du gouvernement représentatif revint à tous les esprits agités comme transition et moyen de réconciliation : elle pouvait suffire à l'ambition d'un roi revenant d'un long exil; Louis XVIII la ressaisit avec d'autant plus d'empressement qu'elle allait l'autoriser à la création en masse d'une pairie qui, organisée en chambre haute, conserverait le sentiment de son origine pour résister aux entreprises de la puissance législative reconnue sur son autorité royale.

Mais cette institution de la pairie ne devant agir que dans le sens de l'aristocratie, loin d'être le contre-poids

voulu par l'essence de tout gouvernement représentatif, n'a été que le rap-
pel indirect des vieilles protections à
jamais proscrites par la révolution de
1789. La Charte octroyée par le bon
plaisir n'a laissé de libre essor qu'au
favoritisme d'un côté et à la courtisan-
nerie de l'autre.

Il n'y eut pour la défense du *pouvoir législatif* (protecteur né de la
cause populaire), contre les envahisse-
ments de la vieille cour rajeunie, qu'un
texte impuissant qui, seul, parlait de
son indépendance, sans aucunement
l'assurer. Il y eut, pour cette seconde
nécessité de tout gouvernement repré-

sentatif, absence totale du contre-poids conservateur. Dès-lors il y eut arbitraire et compromission des libertés publiques.

La révolution de 1830, sortie sous la bannière du peuple et sous l'affiche de sa souveraineté des premiers rangs de l'opinion publique éclairée et libérale, a voulu tout faire pour produire enfin, dans le gouvernement représentatif, l'action double et alternative du contre-poids désiré.

Les bases de son édifice ont été la déclaration de la souveraineté du peuple; celle que toute puissance émane de lui ; le don fait à ce titre de la couronne à un monarque de son choix : la division du gouvernement représentatif entre deux pouvoirs, le législatif et l'exécutif ; la subdivision de la puissance législative dans les deux chambres : l'une dite *des pairs*, l'autre la chambre *des députés* ou des représentants de la nation.

La puissance conférée au roi élu est considérable ; elle équivaut à celle des rois d'Angleterre : elle est de même héréditaire. Sa personne aussi est inviolable et sacrée ; il doit gouverner selon les lois établies, et, pour leur exécution, avec le concours des deux

chambres, les ministres seuls sont *res-*
ponsables.

Chacun des pouvoirs est défini et circonscrit.

La chambre des pairs est instituée, en outre, pour juger les criminels d'état.

Tout est complet daus cette charte de 1830.

Seulement, deux réserves y sont écrites :

L'une concernant la pairie ;

L'autre relative à la *responsabilité des ministres.*

Le corps législatif est chargé de régler l'une et l'autre par des lois séparées.

A-t-il été pourvu convenablement à ce double objet? c'est ce qui reste à vérifier.

On est bien revenu, le 19 décembre 1831, sur l'institution de la chambre des pairs; mais l'a-t-on améliorée? en a-t-on fait, comme de la pairie d'Angleterre, ce pouvoir conservateur des libertés publiques, par sa prépondérance et par ses anciens engagements avec le peuple?

Tant s'en faut; on a aboli l'hérédité de la pairie française, c'est-à-dire qu'on lui a ôté toute consistance autre que celle qu'elle tient du roi; c'est-à-dire qu'on en a fait, non pas un corps aristocratique (car l'aristocratie ne se donne pas), mais un auxiliaire dévoué à la couronne, de qui elle tient toute son existence.

En vain, de grands efforts ont été faits pour que la pairie fût plutôt détachée des intérêts de la cour et investie de patronages qui l'auraient rendue puissante, secourable pour le peuple et dès-lors agréable à tous. La haine aveugle des honneurs et de la distinction des rangs, quoique désormais inoffensifs, a fait oublier cette occasion de consolider la charte de 1830.

On n'a pas fait attention que la pairie, telle qu'elle est conservée, avec moins d'indépendance et de dignité, est appelée à connaître de tous les crimes contre l'état, et par conséquent des atteintes qui pourraient être portées par les ministres *à la constitution*; que celles de ces atteintes qui seraient dirigées contre les libertés publiques seraient plus difficilement ré-

primées par les zélateurs nés du gouvernement accusé.

Par une déviation non moins fu-
neste de la route qui aurait dû être sui-
vie, la loi exigée par la nation sur la
responsabilité des ministres a été
ajournée indéfiniment; aucune des ses-
sions du corps législatif, qui devait la
rendre, n'a eu le courage de la provo-
quer : elle était pourtant d'une extrême
urgence.

Dès la première session, l'accusation portée contre les ministres de
Charles X avait mis la cour des pairs
dans une étrange perplexité. Elle avait

eu à définir le genre de crime dont ces ministres s'étaient rendus coupables ; elle avait eu à déclarer comment l'expulsion de la dynastie, qui leur avait donné les ordres inconstitutionnels incriminés, n'avait pas couvert la responsabilité de leur exécution ; elle avait eu enfin à puiser, dans le code pénal de 1810, les caractères de la culpabilité ministérielle, et à déterminer elle-même, par atténuation, le genre de peine à infliger aux ministres coupables.

Certes, c'en était bien assez des embarras de ce procès pour tenir la législature éveillée sur les cas qui pouvaient , par analogie , compromettre la responsabilité des ministres du gouvernement nouveau.

Ne suffisait-il pas que la mission de soumettre ces premiers agents du pouvoir à une législation répressive des abus qu'ils commettraient fût un devoir imposé par la charte elle-même?

N'était-il pas évident que la seule existence de cette loi répressive était un frein salutaire, qui aurait empêché les abus de se commettre; qu'elle commanderait la circonspection; que, par cela seul, elle deviendrait une garantie des libertés publiques, et pour la chambre des représentants une sau-ve-garde contre les coups d'état.

Avec la loi sur la responsabilité des ministres, aurait-on vu éclore, au sein de l'assemblée législative, ces dé-bats scandaleux qui viennent de nous affliger? La conduite des ministres n'y aurait pas donné lieu; la mesure de deux dissolutions successives de la chambre des députés, en moins de quinze mois, serait-elle venue répandre l'alarme générale, en forçant la réu-nion immédiate des colléges électoraux, dans des circonstances dangereuses et sous le coup de fâcheuses préventions? car enfin ce n'est plus dans la rue, mais dans les plus hautes régions du pouvoir que la discorde vient de se manifester.

C'est un procès national qui s'est mû par la coalition et par la dissolution de la chambre élective.

Elle ne serait pas née cette coalition monstrueuse des partis les plus opposés par leurs opinions politiques, conjurés uniquement contre le ministère. Nous n'irons pas jusqu'à examiner si la querelle qu'ils lui font est plus ou moins plausible, plus ou moins précisée. Il y a schisme entre eux et lui ; leur discord seul est un grand malheur pour l'Etat : il faut le faire cesser au plutôt, et pour toujours s'il se peut.

Le moyen d'y réussir est à prendre dans la conviction intime où tous doivent être désormais que le gouvernement représentatif avec la monarchie limitée est le seul qui convienne à la France actuelle ; puis dans cette autre, qu'il n'a plus rien à emprunter à la contitution britannique.

Avec ces deux convictions, le moyen viendra se développer tout naturellement dans la loi sur la responsabilité des ministres. Sa seule indication dirigera sainement les électeurs dans le choix des représentants de la nation : ceux-ci arriveront à la chambre avec un système tout arrêté ; ils le fonderont

une bonne fois, sans plus de divaga-
tion.

Il n'y a pas à se le dissimuler, la
France à gouverner aujourd'hui n'est
plus la France de 1789; un demi siè-
cle de révolutions lui a donné d'autres
mœurs, d'autres habitudes; les rangs
y sont autrement classés; les rouages
de la machine politique y sont tout dif-
férents de ce qu'ils avaient été sous
l'ancien régime; des institutions nou-
velles ont pris racine; ce n'est qu'a-
près beaucoup d'essais que l'on est enfin parvenu à la charte de 1830.

La démocratie est le premier principe du gouvernement représentatif adopté ; elle est de son essence.

L'autorité d'un roi chargé de faire exécuter les lois est son deuxième principe.

Tout a été convenu dans ce sens ; il n'y a plus à y revenir ; l'esprit public ne s'y prêterait pas.

Il n'y a plus à se modeler sur la constitution anglaise, parce que c'est l'aristocratie qui y domine, et une aristocratie dont le type ne peut se rencontrer en aucun autre pays ; dont l'inféodation est unique, en ce qu'elle a toujours été la protectrice des intérêts nationaux. Puissante par cela même, invétérée, son illustration, ses honneurs, sa suprématie, sont loin de porter ombrage au peuple.

Jamais il n'en a été de même des anciennes supériorités françaises;

Encore moins pourrait-on à présent, depuis la loi du 29 décembre 1831, songer à les prendre pour l'égide des libertés publiques.

Dans la situation donnée par la

charte de 1830, ce qu'il faut accomplir c'est le vœu de la nation, pour qu'une garantie lui soit donnée contre les entreprises qui pourraient être faites sur ses libertés, sur sa puissance nationale, garantie qu'elle ne peut obtenir que par la loi sur la responsabilité des ministres.

La base de cette loi est largement posée par le but même qu'elle doit atteindre, qui est d'empêcher tous abus de l'autorité déléguée pour le gouvernement de l'état et de réprimer ceux qui seraient commis.

Quel sera le dépositaire de ce pou-

voir suprême, ou accidentellement su-
périeur aux autres?

C'est le grand problème à résou-
dre.

Essayons-en la solution.

Ce qu'il faut trouver, c'est un conseil des sages d'une composition assez
éminente, assez forte, pour que ses
oracles en imposent à tous et soient
respectés; assez spécial, assez circonscrit pour ne porter ombrage à personne : un conseil dont la juridiction pu-
rement politique soit bornée à la seule
appréciation des griefs de l'un des deux

pouvoirs contre l'autre : un véritable jury qui, dans sa noble conscience, prononce de quel côté sont les torts et qui les redresse, qui réprime les abus du pouvoir exécutif, tels que ceux des fonds secrets et des crédits supplémentaires, etc., etc.

Ce jury aurait aussi à réprimer tout esprit de parti, toute tentative d'envahissement sur l'autorité qui gouverne, toute mauvaise tendance.

Ce devrait être, à l'exemple de l'antiquité, dont la sagesse est immortelle, un de ces sanctuaires épurés par la morale et en quelque sorte divinisés.

Ce serait, on le suppose, ce conseil des amphyctions, auxquels l'ancienne Grèce avait confié ses destinées, et qui les réglait à Delphes.

Ce serait cet aréopage qui dominait tout à Athènes;

Une agglomération de patriarches d'une philosophie rassurante;

Ce serait, en un mot, *un grand jury national*, à la nomination des colléges électoraux.

Les membres de ce grand jury devraient être nombreux; ils devraient représenter chacun l'un des départements de la France.

Ils devraient être pris parmi les plus grands propriétaires dans chacun de ses départements, autant toutes fois que la vénération publique les environnerait; qu'à leur consistance, à leur moralité, se joindrait la capacité présumée suffisante pour régler des litiges aussi graves. Il serait bien entendu que les hautes capacités déjà éprouvées et jouissant de l'estime générale seraient éligibles sans l'adjonction de la fortune.

Tout en organisant ce Conseil des Sages, ou Grand-Jury national, la loi aurait singulièrement à déterminer sa mission dans des termes précisés.

Elle aurait à spécifier nettement les cas d'abus de pouvoir qui compromettraient la responsabilité des ministres.

Elle aurait à prononcer les peines à appliquer aux divers cas d'abus spécifiés.

Le Grand-Jury national tiendrait ses séances à huis-clos.

L'accusation et la défense y seraient libres:

Ses censures resteraient secrètes.

Il serait dispensé de donner aucun motif de ses décisions.

Il y aurait interdiction à la presse d'entrer en aucun examen de ce qui concerne cette institution suprême, sa composition ni ses actes.

Ses membres seraient nommés à vie, et toujours par les colléges électoraux.

Sa réunion aurait lieu sur la demande de cent membres au moins de la Chambre des députés, et dans une ville autre que Paris, dont nulle force armée ne pourrait approcher de plus près qu'à six lieues.

Voilà une esquisse de la loi à décréter; la prochaine législature saura lui donner sa perfection ou trouver le contrepoids dans toute autre institution médiatrice.

UN ÉLECTEUR DE 1789.